석양의 창가에서

이양자 시집

마을

빛나는 시정신을 꼼꼼하게 엮어내는 — 마음

석양의 창가에서

이양자 시집

1판 1쇄 인쇄/ 2024년 11월 15일
1판 1쇄 발행/ 2024년 11월 20일

지은이 / 이양자
펴낸이 / 우희정
펴낸곳 / 도서출판 마음

등록‖1993년 5월 15일 제3001-1993-151호
주소 03073 서울 종로구 성균관로5길 39-16
전화‖(02) 765-5663, 010-4265-5663

값 14,000 원

*잘못된 책은 바꿔 드립니다.

ISBN 978-89-8387-369-9   03810

이양자 시집
석양의 창가에서

마을

시인의 말

19세기 미국의 사상가이자 시인으로 활동했던 '랠프 월도 에머슨(Ralph Waldo Emerson)'은 삶의 가까이에서 참된 아름다움을 발견하고 내면의 소중한 가치를 찾아야 한다고 가르치면서, 「성공이란 무엇인가?」라는 제목의 시에서 진정한 성공의 개념을 말했습니다.

많이 그리고 자주 웃는 것. 현명한 사람들에게 존경받고 아이들에게 애정을 받는 것. 정직한 비평가로부터 찬사를 얻고 잘못된 친구들의 배신을 견뎌내는 것. 아름다움의 진가를 알아내는 것. 다른 이들의 가장 좋은 점을 발견하는 것. 건강한 아이를 낳든, 작은 정원을 가꾸든, 사회 환경을 개선하든, 세상을 조금이라도 더 좋은 곳으로 만들고 떠나는 것. 당신이 살아 있었기 때문에 단 한 사람의 인생이라도 조금 더 쉽게 숨 쉴 수 있었음을 아는 것. '이것이 진정한 성공이다'라고….

과거부터 입신양명(立身揚名)이라고 하여 몸을 세우고 이름을 떨치는 것이 출세라고 하였지만, 부와 명예만이 성공의 기준은 아닙니다.

인생에서 진정한 성공자의 삶은 작은 일에 책임을 다하여 즐겁게 일하고, 범사에 감사하고, 상대방을 배려하는 마음을 가진 사람입니다.

그리고 '성공이란 자신이 가장 즐기는 일을 자신이 감탄하고 존경하는 사람들 속에서 자신이 가장 원하는 방식으로 행하는 것이다.'라고 얘기한 브라이언 트레이시의 말도 함께 인용합니다.

80대 중반의 나이에 세 번째 시집을 내면서도 부끄러운 마음뿐입니다. 그냥 매일 일기 쓰듯이 저의 마음을 표현한 글들이라 시라고 말하기도 염치가 없습니다. 마지막 시집이 될 글들이지만 훌륭하지 못해서 많이 부끄럽습니다. 깊은 양해를 구하면서 시인의 말에 갈음합니다.

2024년 가을에
저자 운경(芸卿) 李 陽子

· 시인의 말

· 차례

1. 봄이 오는 길목에서
봄이 오는 길목에서 ─· 14
마지막 겨울비 ─· 15
봄이 오는데 ─· 16
외출 ─· 17
신비하여라 ─· 18
모처럼의 봄비 ─· 20
봄이 왔다 ─· 21
4월은 혁명이다 ─· 22
오월이잖아 ─· 23
환희 ─· 24
신록을 보라 ─· 25
환상적인 봄 ─· 26
아직은 청춘이고 싶다 ─· 28
생명의 숨결들 ─· 30
살아 숨 쉰다는 것 ─· 31

2. 가을의 상념

소리 ― · 34
가을을 걷는다 ― · 35
시월의 마지막 날 ― · 36
늦가을 ― · 37
취하고 싶다 ― · 38
이쁘게 살아가자 ― · 39
행복한 세상 ― · 40
가을의 의미 ― · 42
세월이여 ― · 44
고맙습니다 ― · 45
가을입니다 ― · 46
계절 ― · 47
축하주 마시는 저녁 ― · 48
편안하다 ― · 50
가을에는 ― · 52
가을의 상념 ― · 53

3. 인생살이

오늘의 기도·1 — ·56
오늘의 기도·2 — ·57
오늘의 기도·3 — ·58
현재의 소망 — ·60
허무 — ·61
인생살이 — ·62
그리운 시절 — ·63
칭찬의 말 — ·64
해국(海菊) — ·65
책읽기 — ·66
이렇게 살고 싶다 — ·68
생명체의 행복 — ·70
고독과 외로움 — ·71
거울 같은 사람 — ·72
사랑은 — ·74
의지력 — ·75

4. 기억의 풍경화

가는 것이 이와 같네 ― · 78
기억의 강물 ― · 80
나눌수록 더 행복한 ― · 81
노년의 하루를 되새기며 ― · 82
기억의 풍경화 ― · 84
햇살은 덤 ― · 85
추억은 흐르고 ― · 86
외딴 섬 ― · 88
나그네 ― · 90
나무야 나무야 ― · 91
어떤 노년을 살 것인가 ― · 92
나이 드는 비결 ― · 94
나이 들어가면서 ― · 95
한여름 소금 ― · 96
인생이란 ― · 97
책꽂이에서 피어나는 추억 ― · 98

5. 고마운 마음으로

동백꽃 —· 102
산책 —· 103
매미야 —· 104
하지 절기 —· 105
인생살이 —· 106
8월의 끝자락에 —· 107
시절을 걱정하며 —· 108
고마운 마음으로 살자 —· 110
교류와 소통 —· 112
시를 쓰는 이유 —· 114
살아있음은 행복이다 —· 115
그대들에게 —· 116
청춘 시절 —· 117
자아 성찰의 묵상 —· 118
그리움 —· 120

6. 석양의 창가에서

기다림과 인내 —·122
기쁨으로 살게 하소서… —·124
요양원에서 —·126
흘러가는 세월 속에서 —·127
인간의 오만 —·128
어떻게 늙을까 —·129
나의 삶 —·130
홀로서기 —·131
죽음 —·132
엄마의 기도 —·134
석양의 창가에서 —·136
부평초 인생 —·138
인생의 겨울 —·139
다행이다 —·140

1.
봄이 오는 길목에서

봄이 오는 길목에서

안개가 솔솔 피어오르고 만물이 기지개를 켜면
나무들이 긴 겨울잠에서 깨어나
온몸으로 물을 빨아올리고 있습니다

뾰족뾰족 새순들이 고개를 내밀고
나뭇가지 위에는 새들이
저마다 색색의 목소리로 노래하고
하늘은 비취색으로 투명하고 파랗습니다

새들은 그 혹독한 겨울을 어디서
어떻게 견디고 무얼 먹고 살았을까요
사람보다 더 지혜로운 그들에게 배웁니다

이제 동백, 매화, 유채꽃, 산수유
개나리가 피고, 목련이 피면
저만큼 봄이 오는 소리가 들립니다.

마지막 겨울비

동지 소한 대한 다 지나고
입춘 우수도 지나 다가오는 경칩
2월의 마지막 겨울의 끝자락에
토닥이듯 내리는 비

겨우내 꽁꽁 얼어버린
그리움 녹이려는 듯
봄을 재촉하는 마지막 겨울비

메마른 대지에 조곤조곤 봄 재촉하며
겨우내 말라버린 가슴 녹여주며
얼어버린 대지 위에 얼핏 봄의 향기 풍기는

파전에다 막걸리 한 잔 하며
당신 생각 곁들여
고운 봄을 기다리는 날.

봄이 오는데

여기저기 꽃들이 한꺼번에 피어대는데
새들도 지저귀고 난리도 아니다
102년 만에 이른 봄꽃 개화란다

지구는 자꾸만 뜨거워지고
북쪽 얼음은 녹아 부산도 잠긴다는데
어쩌면 좋노 어쩌면 좋노
인간이 만들어낸 재앙이려니

목련이 피었다고 동백이 하예지더냐
동백이 핀다고 목련이 붉어지더냐
자연은 다양성을 지향하는 것
그래도 생명체는 얼마나 귀하고 귀한가

가만히 혼자 중얼거리는 소리
어쨌든 어쨌든지 비옵나니
세상 모두 모두 평안하길.

외출

오랜만의 외출
버스를 타고 서면까지 가는 길

창문으로 들어오는 부드러운 바람
경쾌한 옷차림의 밝은 승객들 모습

버스정류장에 서 있는 젊은 처녀들의 해맑은 미소
젊은이들의 힘차고 경쾌한 걸음걸이

가로수에 맺힌 뾰족한 망울들
여기저기서 들려오는 새들의 지저귐

햇살은 따뜻하고 하늘은 푸르렀다
봄이 오고 있었다.

신비하여라

캄캄하던 나뭇가지가
매일 매일 조금씩 부풀어 올라
진분홍으로 봉긋하더니
어느 날 갑자기 터트리는 연분홍 팡파르
그 힘… 신비의 힘에 감동한다

아름다워라~ 신비하여라~
이 지구 위의 모든 생명체들이여
너희 모든 생명체의 움직임은
바로 우리 인간들의 무한한 스승이다

반가워라 고마워라 아름다워라
10층 뒷 베란다 작은 의자에 앉아
황홀한 벚꽃의 향연을 매일 내려다보며
눈시울 적시고 있다

이보다 더 아름다울 수가
이보다 더 신비할 수가…

이보다 더 감동스러울 수가 없다
황홀경에 정신이 아득해진다

감사합니다 감사합니다
오늘 이렇게 살아 있음에 감사합니다
우주의 신비에 눈물 지우며
못난 인간들의 마음을 아쉬워한다.

모처럼의 봄비

아~ 드디어 봄비가 옵니다
50년 만의 가뭄을 딛고 비가 옵니다
온 산이 산불로 초토화되었습니다

매일 밤 기도 했습니다
울면서 기도했습니다
'산불이 제발 그치게 하여 주소서'

쥐꼬리 만한 봄비가 옵니다
그래도 모든 나무들은 흔들립니다
기쁨에 겨워 흔들리고 있습니다

그 기쁨의 모습을 보며 울었습니다
모든 새들도 함께 지저귑니다
봄이 왔다고, 봄비가 내린다고…

봄이 왔다

봄이 왔다
3월 20일 내 생일날부터 봄이 왔다
다음날 21일은 춘분이고…
산수유도 목련도 개나리도 천리향도 모두 피었다

봄은 왔다
코로나는 변이를 거듭하여
스텔스 오미크론까지
아무리 역병이 난리를 쳐도

봄이 왔다
50년 만의 가뭄에 산불은 나무들을 다 집어삼켰지만
꽃이 피고 비가 오더니
봄은 왔다.

4월은 혁명이다

4월은 혁명이다
참으로 아름다운 혁명이다
기쁨의 혁명이다
모든 생명체가 피어나는 혁명이다

꽃들이 모두 피어나고
새들이 노래하며 날고
인간이 가슴으로 피어나며
황홀해 하는 참된 혁명이다

역사상 인간이 경험한
그 어떠한 혁명도 이러지 않았다
늘 실망과 참담함으로 끝났다
그러나 4월은 진정한 혁명이다

해마다 찾아오는 4월
생명이 작약하고 기쁨이 널뛰는
4월이 우리 인간을 격려하고 있다
깨어나라고 기뻐하라고 진실되라고.

오월이잖아

거짓되고 저급한 언행
권력 투쟁, 상호 비방
국민을 괴롭히는 정치판

그 한가운데서 느끼는
인간들의 절대 고독
어찌 살아갈 것인가…

그래도 피어나는
오월의 숲 속을 보며
결코 외롭지 말자고 외친다

열심히 건강하게
기품 있게 상냥하게
착하고 곱게 살아가자고
외쳐본다 오월이잖아~

환희

이 푸른 하늘과 저 흰 뭉게구름과
이 아름다운 초록의 나무들
최선을 다한 화려한 꽃들
온통, 온통 환희다

또한 그 악마 같은
부정개표를 뚫고
정권교체를 이룬 이 나라는
설명할 수 없는 기적의 환희다

파랗게 아름답게
기쁨의 희열 속에
모든 것이, 모든 것이
진정 참된 환희로 끓어오른다.

신록을 보라

신록을 보라
꽃들을 보라

우리는
아름다운 5월 속에 살고 있다

우리가
이 싱싱하고 푸르고 아름다운
5월을 보는 것만으로도
삶의 의미는 충분하다

아~ 5월의 신선함
우리에겐 아직도
감사할 일이 너무나 많다

환상적인 봄

꽃이 피고 꽃이 진다
열흘 내내 피고 지는
벚꽃만 쳐다보고 있다
그런데 이제…
이 흩날리는 꽃비를 어이 하리

온 산은 산마다 산마다
연분홍과 연초록의 향연이다
이처럼 아름다울 수가
그 촌스럽다 여긴 분홍과 초록이
이젠 환상의 짝궁이다

봄마다 피는 꽃이, 새싹이…
이리도 곱고 아름다운 줄을
나이 들기 전엔 정말 몰랐네
미처 몰랐네…

이 아름다움이여
이 신비함이여
모든 생명체에 환희하는
지금 내 나이 84세

봄은 진정
환상적인 혁명이다~!
봄의 혁명에
한가득 감사하면서….

아직은 청춘이고 싶다

앞만 보며 그 무엇을 찾아
달려온 나의 삶
오늘에야 가만히 관조해본다
수많은 사연들이 가슴을 저며온다

저물어가는 황혼길 언덕까지
달려온 아쉬움이
황홀한 봄의 꽃과 잎새에 젖어
슬픔으로 엄습한다

아직도 남아있는 꿈
버리고 살아야지
이도 잠시 스쳐가는 자기 위안일 뿐
아직도 꿈을 찾아 분주하다

인생은 하나씩 잃어가는 것
혼자 있는 적막한 시간
다가올 날도 지나간 날도

모두 아름다워

아직 마음은 청춘이고 싶다
그래서 더 가슴 뛰는 슬픔에 젖는다
귀하고 아름답고 애절한
모차르트 음률 같은….

생명의 숨결들

눈부신 생명의 숨결들
꽃 진 자리엔 어느새 연록색
잎새가 피어난다

신비한 생명의 숨결
눈이 부시다
가슴 벅찬
감동의 물결

빛나는 태양
산들거리는 바람
메마른 대지를 적시는 비
살아있음에 감사한다.

살아 숨 쉰다는 것

아침 해가 해맑다
긍정과 희망이 샘솟는다

나의 일에 대한 소명
가족에 대한 사랑

모든 생명체와
사물에 대한 애틋함

그리고 오늘 이렇게
내가 살아 숨 쉰다는 것

그 차체만으로도
희망이며 기쁨이다

열심히
최선을 다해 살아내자.

2.
가을의 상념

소리

썰물 같은 시간의 창가로 무덥던 여름 가니
청아한 귀뚜리 소리
소년의 책 읽는 소리

영롱하고 투명한 하늘
갈바람 스치고 지나가면
내 마음 속 그리움의 물결 소리

달까지 밝은 밤이면
사랑과 연민으로 흐르는 눈물 소리
빈 가슴에 무엇을 채울까.

가을을 걷는다

꽃도 물들고 단풍도 물들고
내 마음도 물드니

파란 하늘에 뭉게구름이
춤을 추고

이쁜 노을이 황금빛으로
나를 비추고

보랏빛 갈대와 은빛 억새가
살랑거리니

따사로운 햇살 아래
나는 발걸음 가볍게 가을을 걷는다.

시월의 마지막 날

이제는 다 지나가버린
가슴 시리게 아픈
이 가을도 이제 저만치서
그 뒷모습을 보이며

그 숱한 붉은 열정 뒤로한 채
마지막 열정을 불태우고
떠나가는 이승의 세계
슬픈 이 이별을 어이 하리

적막 속에 눈물로 너를 보내며
떠나면서도 황홀하게 찬란한
너를 기억하리
아~ 시월의 마지막 날이여.

늦가을

11월도 지나 12월
스산한 늦가을의 갈대 소리
과거를 돌아보게 만드는 시간

나뭇잎이 우수수 떨어지고
찬바람이 옷깃을 스미고

슬픔과 연민과 회의가
교차되는 외로운 감성의 시간

단순한 가을앓이일까
옛사랑 옛일에 대한 아련한 추억이
후회와 그리움을 자아내는 시간

늦가을의 서늘한 정취가
오늘 저녁
내 앞을 슬프게 지나가고 있다.

취하고 싶다

취하고 싶다
높고 푸른 하늘에…

취하고 싶다
도망가는 석양에…

취하고 싶다
춤추는 갈대에…

취하고 싶다
붉게 물든 단풍에…

취하고 싶다
아름다운 추억에…

취했다
막걸리 한잔에.

이쁘게 살아가자

낙엽이 떨어지면
그땐 난 어떤 모습일까
평화롭고 넉넉할 수 있을까

성공하고 승리하는 사람들의 특성은
절대 긍정, 항상 감사,
오직 초심, 뚝심 일관이다

스스로 돌아보고
매일 다시 배우고
기도하고 감사하고 늘 갈고 닦자

언제나 혼자인 존재
이미 인생 철칙임을
알고지낸 지 오래이니

멋지게 깨끗하게
젊음은 떠났지만
이쁘게 인간답게 살아가자.

행복한 세상

삶이 힘들거나 외로울 때
가슴으로 전해오는 인정어린 말보다
값지고 귀한 것은 없습니다

눈물이 나고 슬플 때
말없이 꼭 잡아주는 손길보다
힘을 주는 것은 없습니다

돌멩이처럼 흩어져 각자의 삶을 걸어도
우리는 모두는 지는 꽃잎과 같이
외로운 나그네입니다

서로가 서로의 이름을 부르며 사랑을 전할 때
진정 세상을 살아가는 의미와
함께할 줄 아는 지혜도 알게 됩니다

따뜻한 마음을 열어
서로의 체온을 나누는 천사가 된다면
행복한 세상이 될 것입니다.

가을의 의미

가을은 멀쩡한 사람의 마음을
한없이 쓸쓸하게 한다

지는 낙엽이 그러하고
부는 바람이 그러하고
깊어지는 상념이 그러하리라

가만히 있어도 눈물이 나고 사색이 많아지고
다가오는 것보다 떠나는 것이 많아서일까
저문다는 것에 대한 애잔함 때문일까

그도 그럴 것이 온갖 꽃을 피우고
온갖 새들이 노닐다 간 숲속의 나무들도
하나 둘 갈색으로 변해 끝내 한잎 두잎 떨어지는

묵묵히 걸어온 저 길 위에 핀
겸손하면서도 소담스런 가을꽃을 보노라면…
어쩐지 마음은 애잔하고 쓸쓸해진다

그래도 성실하게 살아온 날들의 일과가
주마등처럼 뇌리를 스쳐 가리니…
지혜로운 내면의 소리에 귀 기울이며
조용히 이 아린 마음을 치유하자!

세월이여

코로나 팬데믹 속에서도
가을은 또 왔다
오곡백과 무르익는 풍요로운 가을

곱게 물든 만산홍엽
그리고 후드득 낙엽 지는 소리
높고 파아란 하늘

먼저 떠난 이들이 그리워지는 계절
그리움을 달래려고
한아름 꺾어온 갈대꽃

바람처럼 구름처럼
세월도 계절도 흘러만 가누나
세월이여 인생이여.

고맙습니다

흐르는 온천천엔
숭어 떼들이 분주하고

산책 나온 이들의 얼굴엔 미소가
카메라로 사진 찍기에 여념이 없는 모습들

정녕 가을은 왔네
정말 가을이네

그리도 덥더니만
지구는 병 낫다고 걱정했는데

그래도 어김없이 가을은 왔다
참으로 감동이다

고맙습니다
가을이 와서 고맙습니다.

가을입니다

가을입니다
대자연은 인간에게
보라
놓아버리는 것이 얼마나 쉽고
아름다운가를 일러주고 있습니다

가을을 보며
눈시울 적십니다
모든 이에게 전하고 싶습니다
괜찮은 거지?
별일 없지?
아프지 마!

나도 '너와 다르지 않아'라는
이해와 공감이
나와 너, 자연과 인간,
모두를 행복하게 해줍니다
자연을, 삶을 배우는
가을이 짙어갑니다.

계절

비가 왔다 오래도록
땡볕의 무더위가 왔다
그리곤 태풍이 왔다, 또 태풍이 왔다
코로나가 사람들을 집에 가두었다

어느 날 강가에 고추잠자리가 날았다
저녁엔 한 번씩 귀뚜라미가 울었다
밤에 소슬바람이 찾아왔다
창문을 조금씩 닫으며 긴 팔 옷을 찾았다

매끌매끌한 이불의 감촉 그리고 따뜻함
정녕 가을이 왔네
혼란의 도가니 속에서도
계절은 어김없이 찾아왔다.

축하주 마시는 저녁

덥다, 덥다… 정말 지친다
이번 여름은 웬일이니
아직 폭염은 계속된단다…

지치고 멍한 나날을 보내며
빗줄기라도… 태풍이라도
바라던 마음 간절했었다

그런데 오늘 갑자기 불어온
시원한 가을바람
우와 드디어 가을이 왔구나

이 기막힌 가을을 만나는 날
친구를 부르지 않을 수 있겠는가
술은 언제나 나의 친구다

맥주만으론 당연 부족하다
소주를 맥주에 곁들여서

시원하게 한잔 들이키며

드디어 가을맞이 축하주를
한 잔 하는 오늘 저녁
산다는 것이 왠지 즐거워진다.

편안하다

가을…
가을이다
햇살이, 대기가, 하늘이 가을이다

짙게 물드는 잎새
청아한 귀뚜라미 소리
빨갛게 익은 사과…

바로크 음악은
정취와 감상을 더 돋궈주고
혼자 하늘을 보며 미소 짓는다

너무나 맑고 파랗다
앞창으로 불어오는
풀 먹인 모시같이 칼칼한 바람이

곱게 피워낸 난초꽃이 신통하다
참 좋다 그냥 편안하다
이 계절이

곱게 정을 나누고 싶다
맑고 편안한 가을에
내 인생의 향기를 보태고 싶다

가을 감성의 판타지
가을 감성의 페스티발
이런 마음은 나이 때문만은 아닐진대
참, 편안하다…

가을에는

이 아름다운 가을에는

내가 사랑하는 사람들이
모두 건강하기를

내가 아는 모든 분들이
모두 행복하기를

이 나라가 따뜻한 화합 속에
순탄하게 발전하기를

온 세계가 전쟁 없이
평화롭기를

멋진 가을을 맞아
오늘도 간절히 간절히 빕니다.

가을의 상념

이제 어느덧 만산엔 홍엽과 황엽의 바다!
비온 뒤 낙엽 져 나무는 잎사귀를 떨구지만
11월 늦가을의 정취가 온 누리에 가득하다

인류를 괴롭히는 기막힌 코로나 변종도
국민을 우울하게 만드는 이 나라의 하급 정치도
잘난척하는 모든 나라의 지도자들도 잊고

자연을 찾아 심신을 힐링의 바다에
가을… 그 정취에만 흠뻑 빠져
이 계절이 다 가기 전에 연가를 부르고 싶다

아름다운 가을에 씻겨 맑아진 내 영혼은
오늘을 사는 내 인생에 풍요를 더해 주리라
작은 것에 의미를 두고 또 하루를 만드는 것.

3.
인생살이

오늘의 기도 · 1

오늘 살아있음에 감사하게 하소서

모두 나를 떠나도 외로워하지 않으며

소중한 것 상실해도 절망하지 않으며

최선을 다해 오늘을 살게 하소서

오늘 살아있음에 감사하게 하소서

가족 친구 공동체 모두 당신은 부처님

좋은 관계로 기쁨 속에 살아가게 하소서.

오늘의 기도 · 2

변함없는 사람
향기로운 사람
본보기가 되는 사람
상처주지 않는 사람

남의 말을 경청하는 사람
한결같은 사람
믿음을 주는 사람
사랑을 베푸는 사람

늘 감사하는 마음으로
살아가게 하소서.

오늘의 기도 · 3

감정의 노예가 되지 않게 하소서
다툼은 지식을 보고, 싸움은 성질을 보고
감정은 허약함을 보고
공격적인 말에는 인격임을 생각하게 하소서
만인을 사랑하게 하소서

서로의 생활 체험을 나누며
모든 일에 공감할 수 있도록
늘 공부하게 하소서
선한 마음을 선물하게 하소서

물질적인 선물은 시간흐름에 퇴색되지만
마음의 선물은 변함없게 하소서
평화를 주소서
나를 버린 사람도 행복하게 잘 살게 하소서

내 이웃의 원수에게 평화를 주소서
그리고 온유한 사람으로 변화시켜 주소서…

겸손하게 하소서,
머리가 하늘을 향하여 있기에 사람은 으뜸이라지만
늘 겸손과 지혜로 자신을 낮추는
가장 낮은 자 되게 하소서.

현재의 소망

현재는 과거가 된다
현재를 바꾸면 미래가 바뀐다
지금 이 순간만이 온전한 내 것이다

그래서 현재는 아름답다
이 아름다운 현재는 바로
간절한 기도의 순간이다

이 현재 속에서 간절히 기도 한다
이 나라가 순탄한 화합 속에서
발전해 나가기를 간절히 빈다

내가 사랑하는 사람들이
모두 건강하시기를
그리고 모두 행복하시기를 빈다.

허무

눈을 뜬 아침 매일과 같은 아침인데
가슴을 헤집고 쏟아져 들어오는 허무
이 허무함을 어쩔 것인가

세상에는 악이 버섯처럼 자라고
마음에는 허무가 파도처럼 넘치고
모든 것은 바람처럼 사라지는데
어떻게 이 세상을 사랑할 수 있는가

눈은 녹을 걸 알면서도
온 힘을 다해 세상을 감싼다지만
우리 모두 필멸의 존재들임을
알면서도 모른 척 해온 삶

온 가슴에 넘치는 슬프고 쓸쓸한 감성
텅 빈 가슴을 휘저으며 고이는 눈물
이 허무함을 어쩔 것인가.

인생살이

과거는 해석에 따라 바뀐다
미래는 결정에 따라 바뀐다
현재는 행동에 따라 바뀐다

고집을 하면 아무것도 바뀌지 않는다
목표를 잃는 것보다
기준을 잃는 것이 더 큰 위기다

인생의 방황은
목표를 잃기 때문이 아니라
기준을 잃기 때문이다

인생의 진정한 목적은
무한한 성장이 아니라
끝없는 성숙에 있다.

그리운 시절

시간을 되돌린 과거 속
이름표 옆에 손수건 가슴에 달고
란드셀 책가방 매고 출렁출렁

교정엔 태극기 높이 펄럭이고
동해물과 백두산 우렁차게 부르며
꿈을 키웠다

싸리 향 빗자루로 운동장 쓸고
비석치기, 땅 따먹기
공기놀이, 사방치기

장작 난롯불에
구워 먹던 맛있는 도시락
아까시꽃 핀 하교 길

꽃 먹으며 양은도시락 소리 맞춰
고향의 봄 합창하고 춤추며
집으로 향하던 코흘리개들.

칭찬의 말

칭찬의 말은
해도 해도 모자란다

새로운 삶을 시작하는 그대에게
지나간 삶을 잊으려는 그대에게
또 다시 용기를 내려는 그대에게

그대는 뭘 해도 될 사람
다가 올 일에 대한 걱정은
눈앞에 왔을 때 생각하기를
어차피 그 일은 지나가니까

그래 괜찮아, 잘 하고 있어, 된다 된다 된다
잘 될 것이다 당신이 생각한 대로
힘 내세요, 걱정 말아요, 사랑해요
칭찬으로 행운을 기원하자.

해국(海菊)

바다를 사랑해서
바닷가에 피었지

싱그러운 파도를 사랑해서
바다가 보이는 바위에 서서
꽃잎을 흩날리며 진한 향기를 품었지

먼 길을 돌아온 지친 여심을 안아주려
해일이 부서지는 바닷가에서
그렇게 긴 날들을 기다렸지

그리움이 다시 그리움을 부르던 망각의 세월
모래알 같이 많은 그리움을
바닷가에 풀어 놓았지

숱한 날들 모래 위에 새긴 이름을
파도가 다시 지우고 지워
잊혀질까 보랏빛 가슴에 품었지.

책읽기

삶은 배움이며 깨달음이다
배움이란 늘 열망하는 자의 몫이다
배움으로 얻은 깨달음은
어느 경지에 이르게 한다
독서가 이를 가능케 한다
아울러 마음의 치유도 얻는다

책이라는 창을 통해 인간관계와
세상 변화를 체험할 수 있다
살다가 깊은 시름과 상실감에
빠질 때 책이 친구가 된다
디지털 시대의 독서예찬은
변하지 않는 책의 가치를 말한다

지금 현재 만연하고 있는
책맹의 현상에서 벗어날 때
지혜로움으로 하여 우리는

우리 존재의 본래 모습을 볼 수 있다
하루도 빠짐없이 책을 읽자
뇌파를 깨우고, 깨달음을 얻기 위해.

이렇게 살고 싶다

이제 나머지 세월
뭘 하며 살겠느냐 물으면
사랑하는 사람과
이렇게 살고 싶다 하리라

햇살 퍼지는 숲길 따라
손 꼭 잡고 거닐며
젊은 날의 추억 이야기 하면서
선물 같은 오늘에 감사하고

바다가 보이는 소박한 찻집에서
옛 노래 고개로 장단 맞추어
나직이 함께 따라 부르며
서로의 지켜줌에 감사하고

가을 낙엽 밟으면서
스쳐지나가는 바람 소리 들으며

범사에 감사하는 마음으로
사랑하는 사람과 이렇게 살고 싶다

그러나 오직 부질없고 덧없는 꿈일 뿐
현실은 마냥 쓸쓸한 혼자
하지만 꿈까지 꾸지 못할까
덧없음이여, 허무함이여….

생명체의 행복

생명은 움직인다
살아있음은 행복이다
작은 사랑도 행동으로 표시한다

확신에 찬 믿음으로
행복하다를 되뇌면
불행의 요인들이 행복으로 변한다

생명은 언제나
행복 지향적이다
행복은 본능이다

미소 짓고 칭찬하고
노래하고 감사하고 명랑한 기분으로
모든 할 일 다 해내면
예쁜 행복이 미소 짓는다.

고독과 외로움

고독은
잡념 없이 집중하는 아이처럼
외부 사물에 흩어져있는 시선을
내면세계로 돌려 몰두하는 것
외부가 아닌 내면에서
평화를 찾고 만족하는 정신적 여유다

외로움은
어떤 것도 위로가 되지 못하는
공허이자 금방이라도 부서질 것 같은
외로움은 헤어 나올 길 없는 일종의 자기혐오
영혼의 불이 꺼진 뒤 찾아오는 절망 속 어둠이다

고독은
자기 영혼을 시적인 정취 속에
머물게 하는 그 무엇.

거울 같은 사람

거울 같은 그런 사람을
만났으면 좋겠다

나를 올바르게 알게 하는
거울 같은 사람을

우리의 생명과 자연은
우리의 올바른 거울이다

콩 심은 데 콩 나고
팥 심은 데 팥 난다

오리는 오리를 낳고
기러기는 기러기를 낳는다

보아라~ 이 가슴 떨리는
수많은 생명의 신비들을

인간이 자식을 키우고
오리는 오리 새끼를 키우고

콩은 딱딱한 땅을 뚫고나와
힘차게 순을 틔운다

이 모두가 우리의 거울이다
양심껏 살아가야지

나도 맑디맑은
거울 같은 사람이고 싶다.

사랑은

사랑은 눈으로 보지 않고
마음으로 보는 것

따뜻한 손잡고
바라만 보아도 좋은 것

사랑은 희생과 용기와 배려와 존중
그래서 마음으로만 보이는 것.

의지력

의지력은 변화를 받아들이고
새로운 상황에 적응하는 것
항상 앞으로 나아가는 것

목표를 설정하고
생각하고 실천하고 믿음을 잃지 않는
자기 훈련을 해야 한다

자기 결정을 하는
목적 추구 행동인 의지력은
마음을 단단히 먹는 오직 그것뿐

오늘도 나는
보다 나은 사람이 되기 위해
나의 의지력과 싸우고 있다.

4.
기억의 풍경화

가는 것이 이와 같네

세월의 흐름은
눈앞에 흐르는 물과 같아
주야를 가리지 않는 구나

사람은 잠시 살다가지만
세월은 물처럼 흘러가며
그 시간은 무한히 이어진다

우리가 놓여진 세계는
끊임없이 운행되는
생명의 한 과정이다

이어져 있고
연계되어 있고
변화하면서 영원히 이어진다

물결 따라 가다보면
달관의 세계가 생기리라

우리 살아가는 것이 이와 같도다

어디로 가나
달관이다
가는 것이 이와 같구나.

기억의 강물

아름다운 메모리인 기억
추억 그것이 인생이다
그것이 아니면
인생도 사람도 아닌 것을

고뇌하며 그려내는 내면 또한 삶의 궤적
성찰 그리고
얻어낸 내면의 안식
그 속에서 위안을 얻는다

전장을 가로지르는 한 병사의
외롭고도 위대한 임무처럼
우리는 주어진 인생을 기어이 살아낸다
순도 100%의 행복을 찾아서

세상에 왔다 가는 모든 것이
소중하고 아름다움을 이제야 절감하면서
모든 것에 감사하며
감동의 눈물을 흘린다.

나눌수록 더 행복한

추억을 나눌 수 있는 여동생이 있다는 것

가을 햇살 따가운 절망 속에
"이게 다가 아니란다."
어깨를 토닥이며
희망으로 가는 길을 열어주셨던 부모님

추석 가까운 붉은 가을에
"누나야 시련은 희망을 부르는 전주곡이 아닐까."
가슴 적시게 위로하던 내 남동생

내가 힘들 때
니 떡 내 떡 타령하던 남편이
딸아이 고열에는
나보다 더 황망해 하던 일

가을은 가슴 시린 추억의 행복을 불러준다.

노년의 하루를 되새기며

생각할 겨를도 없이 선뜻 80이 찾아왔다
지나간 시간들이 빛의 속도로 명멸한다

분홍빛 기대와 한아름 설렘을 안고
서울에 유학한 지 벌써 60여 년이 지났다

공부하고 연애하고 결혼하고 아이 낳아 키우고
공부시키고 유학 보내고 결혼 시켜 손자 보고

서로 알콩달콩 티격태격 40여 년간
같이 지내던 나의 짝지도 떠난 지 벌써 10수년

연보랏빛 고운 유년과 해맑은 청년의 시간도
애틋한 희망과 노력과 사랑의 수많은 시간도

은빛 바다가 파도에 하얗게 부셔져 일렁이는
중년의 시간도 이제 다 지나가고

드디어 몸의 여러 곳이 반란을 일으켜
이곳저곳 아프기 시작하는 고개에 올랐다

4월의 금빛 같은 해맑은 햇살 속에
민들레 철쭉의 환한 웃음을 바라보고 서서

노을이 저녁하늘에 주황색 그림을 그릴 때
또 하루를 이별한다.

기억의 풍경화

우수수 낙엽 지는 가을
별빛 찬란한 밤에
외로움 달래면서
가슴 속으로 흐르는 기억들

존재의 명제 아래
부여받은 생명 끌어안고
걸어온 아스라이 먼 세월
지난 시간의 풍경화를 그린다.

햇살은 덤

어려움에 처해도
의로움을 잃지 않고
늘 지혜를 얻고 마음을 수양하리

긍정적으로 하고 싶은 일을 계속하며
나이 듦의 미학을 위해
그리움의 정서를 다스리자

삶을 긍정하고
사람을 사랑함은
작은 기쁨이다

살아있다는 것만으로도
아름다운 인생이며
해맑은 햇살은 덤이다.

추억은 흐르고

잎도 다 진 초겨울 저녁
혼자 앉아서 사진을 보며
모차르트 음악을 들으며
웃고 울고 있다

인생이여, 삶이여
인연이여, 정이여
그리움이여, 연민이여
흐르는 세월이여

이미 해는 지고
밖은 깜깜해졌는데…
짙푸른 밤하늘을 보며
홀로 와인을 마신다

며칠 있으면
계묘년이 가고 갑진년 온다
내 나이 84세가 되네

세월은 유수와 같구나

왜일까? 어쩐 일로
사진들을 찾아보면서…
애수어린 곡을 들으니
자꾸만 눈물이 난다

그와 1965년 결혼해서
내년이면 59년 되는 해…
그는 이미 떠났지만…
우리는 여기에…

나의 살아온 인생역정이
파노라마처럼 지나간다
헛되이 살지는 않았지만
더 아름답고 착하게 살자.

외딴 섬

우리는 모두
홀로 떠있는 섬이다
오늘은 이유 없이
눈물이 난다

허무해지고
답답해지고
외딴 섬처럼
가슴이 외롭다

나이같은 것은
의식치 말라지만
이곳저곳 아픈 곳이
먼저 인지시켜준다

주위의 죽음들을 맞으며
다가올 죽음을 어림짐작하며
인생이란 무엇인가?

새삼 두리번거린다

삶이란 무엇인가?
남겨야 할 말을 마음에 써본다
살아온 연륜과 지혜를 모아
외딴섬의 고독한 등대가 되자

그래도 갈 때까지는
망망대해를 떠도는
인생 후배들에게
희망 닮은 작은 불빛이라도 보내자.

나그네

인생 팔십이면 가히 무심이로다
흐르는 물은 내 세월 같고
부는 바람은 내 마음 같고
저무는 해는 내 모습 같으니
어찌 늙어보지 않고 늙음을 말하리

인생 팔십이면 가히 천심이로다
세상사 그리 모질고
인생사 늘 거칠어도
누구를 탓하리오
한세상 왔다가는 나그네여

빈손으로 왔으니
빈손으로 가는 것이 자연의 법칙이거늘
무엇을 붙들려고 발버둥 치는가
처음 왔던 모습으로 떠나야 하리
노년은 완성을 위한 시간일지니.

나무야 나무야

아침 산책길에 나선다
9월의 하늘은 청명하고
흰 구름은 두둥실 떴고
신선한 바람이 분다

아~ 이젠 가을인가 봐
기분이 상쾌해진다
사는 것이 늘 오늘 같으면
얼마나 좋을까?

코로나에 시달리고 무더위에 진이 빠지고
미친 정치판에 맥이 빠지고
지구도 끝장인 듯한 기후변화에
마음 기댈 곳 없는 세상

그래도 거짓 없이
한결같이 푸른 나무들을 보며
큰 위안을 얻는다
나무야 나무야, 고맙다.

어떤 노년을 살 것인가

우리는 그냥 살아오다 보면
어느 날 문득
노년에 와 있는 자신을 발견하게 된다

머리카락은 희끗희끗 반백이 되어있고
몸은 생각같이 움직이지 않고
자식들은 결혼하여 모두 곁을 떠났다

백년을 함께 살자고 맹서했던 부부는
한쪽이 먼저 이 세상을 하직하고
외로이 혼자 노년을 보낸다

어떻게 노년을 살아갈 것인가
자신의 노년은 그 어느 누구도
대신해 주지 않는다

스스로 개발하고 챙겨야한다
그러기 위해선 반드시
한두 가지의 취미생활을 가져야한다

배울 수 있는 것은 다 배워서
시대에 뒤처지지 말아야 한다
인터넷을 통해 정보의 바다를 헤엄쳐보자

자식들에게 너무 기대하지 말자
사랑은 아래로만 내려가기 때문이다
부모를 만족시켜 줄 자식은 많지 않다

지나치지 않는 적당한 관심과 기대가
우리들의 노년을 평안과 행복의
길로 인도할 것이다

그래도 자식들을 가까이에 두고
또 마음을 나눌 수 있는 벗이 있다면
노년은 수채화처럼 아름다울 수 있다

나이가 들면 얼굴에 주름이 지지만
이상과 열정과 따뜻한 감성을 지니고 살면
영혼에 주름이 지지 않는다.

나이 드는 비결

좋아하는 일을 하며
나이 든다는 것은
행복하게 나이 드는 비결이다

나이 탓 하지 말고
할 수 있는 것은
무엇이든 다 해보자

자신이 원하는
삶을 살아가려 노력하면
그것이 바로 자신의 삶이다

행복하게 나이 드는 비결이며
당당하게 나이 드는 모습이며
나이 듦의 멋진 미학을 완성하는 일.

나이 들어가면서

몸의 반응을 컨트롤 하려면
감정을 잘 다스려야 하고
나 스스로의 행동과 생각을 바꾸어야 한다

오직 나의 문제는
나만이 해결할 수 있고 나의 생각 속에
그 해답이 있음을 알자

거울 속의 나를 가만히 들여다본다
아직 마음은 할 것이 가득하고
그리 늙지만은 않았는데

힘내자 나이가 문제는 아니다
꼭 한 가지만 명심하자
살아있는 동안 모든 사람에 대한 사랑은
배려와 존중이라는 것을.

한여름 소금

이글거리는 태양에 달아오른 창 너머로
먹통같은 비구름 몰려와
후덥지근하게 온몸을 휘감았다

찌는 태양 아래 무더위라도
백사장 하얀 모래알로 꿈도 다잡아보고
밀려오는 하얀 파도 속에
근심의 낱알들을 흘려보내려 했다

하지만 후쿠시마 방류가 어떻고
양평고속도로가 어떻고
괴담에, 가짜 뉴스에 넘어가

한여름 무더위 달래주는
그 시원한 '수박' 좋다 소리 한 번 못하고
모두들 소금만 사다 쟁였다.

인생이란

시간도 삶도 앞으로만 흘러간다
세월이 쌓아준 지혜로
한 백년 살다보면 마지막에 닿으리니

그러나 인생이란
흘려보내는 게 아니라 매일을 채워나가는 것
아름답게 살아내는 것

앞으로 남은 내 인생 중에서
가장 젊은 오늘 값지게 살아보자
그리고 마음 편히 살아가자

내 인생은 내가 만드는 것
기회도 행복도 아픔도
모두 내가 책임진다.

책꽂이에서 피어나는 추억

나뭇잎 사이 파란 가로등 그 불빛 아래로
당신의 야윈 얼굴
봄은 벌써 가버리고 거리엔
어느새 뜨거운 햇살과 상큼한 바람

계절은 이렇게 쉽게 오가는데
우린 또 얼마나 어렵게
서로가 아픈 사랑을 해야 하는지
보고 싶어라 보고 싶어라

그 눈빛은 언제나 눈앞에 있는데
우린 또 얼마나 먼 길 더듬어
꿈꾸면서 돌아가야 하는지…

추억은 추억을 낳고
나의 모든 책갈피엔 추억이 가득
보고 싶은 그이 이쁜 내 자식들
모두가 다 내 곁에 없구나

나뭇잎 사이로 파란 가로등 그 불빛 아래
그리운 그대 얼굴
추억도 가고 세월도 가고
어느새 또 한 해가 지나간다

어제는 산소 가서 만나고
오늘은 당신 제삿날
나의 책장에 가득한 사진들
오늘도 추억들이 아롱아롱 피어나고 있다.

5.
고마운 마음으로

동백꽃

생경하고 순박한 시골 처녀의 모습으로
두툼하고 질긴 강인한 생명력으로
동백 너는 홀로 눈 속에 피었구나
겨울을 견디는 꽃 동백

꽃말이 그대만을 사랑해라니
그대의 광택 나는 고운 모습으로
시련의 시기에 꽃을 피우고 겨울을 견디는
너의 생명력에 놀란다

정적이 감도는 외로운 산사를 지키며
별빛마저 숨을 죽인 차가운 겨울의 끝자락에
임을 향한 붉고 생생한 마음을
고고히 아름답게 아로새기는 구나.

산책

산책은 활기를 찾고
살아있는 세상과 관계를 맺고
허무를 다스리는
생명의 리셋이다

깊이 호흡하고 큰 보폭으로
하늘 보고 땅 보고
이쁜 꽃 보고
환한 마음으로

나라와 자식을 위한
진지한 기도를 하며
오늘도 산책을 한다
애완견 죠이와 함께.

매미야

한없이 더운 날 오후
쨍한 정적을 깨고
너의 작은 몸 떨어
내는 그 요란한 소리

매미야 무얼 먹었니?
짝은 찾았니?
오늘 현관 앞에서
너의 주검을 보았다

벌써 3주도 지나
한 달이 지나갔구나
너의 짧은 생이 애처롭지만
장하고 아름답다

매미야
매미야.

하지 절기

하지는 낮 시간이 일 년 중에 가장 길기에
태양의 높이도 가장 높아서
몹시 더워지기 시작한다

아침부터 무더운 더위 속
매미가 울기 시작하고
감자도 캐기 시작한다

망종 즈음 피기 시작한 개망초는
활짝 피어서 길가에 흐드러지고
주황빛 능소화도 어여쁨을 뽐내고

뜨거운 햇볕은 우리를 괴롭히는
존재가 아니라
열매를 키워주는 고마운 존재.

인생살이

어느덧 해는 기울고
그 무덥던 여름도 꼬리를 내리고

맑은 가을이 웃는다
내 그리움도 웃고 있네

푸른 정신 푸른 마음 고마운 마음
눈부신 금빛 낙엽

살아있는 것보다 더 좋은 일이
어디에 또 있을까?

죽고 나면 썩어지고
태워지고 잊혀지고 없어질 몸

팔팔하고 지조 있게 격조 높고 따뜻하게
오늘도 살아야지.

8월의 끝자락에

매미들이
속절없이 흐르는 세월을 아쉬워하며
더 큰 울음소리를 토해내고

꽃잎들도 화려했던 시간 뒤로하고
살짝 고개를 숙여 아쉬움을 남기며
8월은 그렇게 숨는다

다가오는 9월
첫 손님 귀뚜라미 울음소리와
코스모스가 한가득 우리를 반긴다

들판의 곡식과 주렁주렁 열린 과일은
감사의 계절을 알리며
우리 곁으로 다가오고 있다.

시절을 걱정하며

날이 간다 어제 오늘 내일
날이 간다
암담하게 날이 간다
2월부터 8월까지…

지구도 나라 정치도 암담하기만
우한 괴질은 전 지구상에 넘치고 또 넘친다
지구는 온난화로 가고
나라는 난데없이 인민민주주의로 가고

코로나바이러스는
어쩌다 조금만 방심해도
인류를 막무가내로
위협하고 또 위협한다

모두는 집에만 처박혀서
걱정에 걱정을 하며
우울한 마음 때문에
날로 몸도 상해가고 있다

무엇을 할 것인가
기록된 활동만이 역사가 된다
자기 기록을 남겨야 한다
자기 사유의 결과물을 남겨야

무엇이든
이 시대 상황의 글을 남기자
지구 걱정, 나라 걱정, 바이러스 걱정…
기록이 역사를 잇게 한다.

고마운 마음으로 살자

10월의 바람 맞으며
아침 산책길에 나선다
하늘은 청명하고
흰 구름은 두둥실 떴고
신선한 바람이 분다

아 이젠 분명 가을이네
기분이 상쾌해진다
사는 것이 오늘만 같으면
얼마나 좋을까?

코로나로 오래 시달리고
무더위로 진이 빠지고
싸우는 정치에 맥이 빠지고
지구도 끝장인 듯한 기후변화에
마음 붙일 곳 없는 세상이다

그래도 삼라만상은
아직 신비함으로 가득 차 있다
많은 생명체들이 움직이고
꽃피우고 살아내고 있다
고마운 마음으로 살아가자.

교류와 소통

서로 오가는 교류가 인류로 하여금
자연을 정복케 했고
지구라는 행성에서
인간이 존재할 수 있게 했다

성공한 인물들은
모두 타인과의
처세를 중시했고
좋은 인간관계를 가졌다

담장 하나에
적어도 기둥 셋은 있어야 하고
영웅 한 사람은
적어도 세 사람은 도와야 한다

좋은 처세는
얄팍한 잔기술이나 속임수가 아닌
눈과 귀를 여는 것이고
마음을 열어야 한다

이것이 바로
소통의 처세다
처세의 기본 중 기본은
바로 소통이다.

시를 쓰는 이유

물처럼 흐르는 시간 속에서
사라질 내 삶을 시로
쓸 수 있기를 바란다

시 쓰기는
정돈된 일과 속에 고요한 시간의
결과를 남기는 일이다

불확실성과 혼돈으로 가득 찬
우리네의 삶에서 그래도 확실한 것은
이 삶이 언젠가는 끝난다는 것이다

이 쓸쓸한 감정은 연말이나 계절의 끝
노년이 되니 한층 심해진다
그래서 나는 시를 쓰는 것이다.

살아있음은 행복이다

살아있음은 행복이다
살아있음은 우리의 움직임이다
생명은 행복지향이다

행복은 본능이다
작은 사랑도 움직이면서
행동으로 표시해 보라

불행의 요인이 행복으로 변하고
남의 행복이 나를 행복하게 하고
매일이 나의 생일이 된다

마음을 비우고 참하게 살며
가슴에 믿음을 가지고 살자
생명은 환희와 행복 지향적이다.

그대들에게

코로나에 위협받고 정치에 실망하는
우울한 연말 거리와 지하철은
바쁘게 오가는 사람들로 여전히 분주하다

그 무심한 그대들에게
사람마다의 가슴에 크게 외치고 싶다
당신들이 희망이라고

성숙한 존재임을 깨달으라고
민주주의의 주체들이라고
이 나라를 지켜내야 한다고

제발 힘내시라고…
또한 해내자고…
그리고 또한 감사하다고!

청춘 시절

문득 돌아보면
눈이 시리도록 푸르른 날이었음을
왜 그때는 몰랐을까

이제는 다 지나간 아득한 청춘 시절
그저 함께여서, 함께해서
눈물 나도록 아름다웠노라

그것이 바로 크나큰 행복이었음을
이제야 느끼게 되나니
순식간에 지나버리는 생의 언덕에서

젊은이들이여
그대 아름다운 꽃밭을 만나거든
마음대로 앉아 노닐다 가기를.

자아 성찰의 묵상

자연에 감사하게 하소서,
소리 없는 아름다움, 보이지 않는 아름다움
닿을 수 없는 아름다움
유익을 주는 생명의 공기와 물
만남의 귀함을 알게 하소서

사람들의 만남 사람 人자로 서로 기대어 가며
힘이 되어주는 아름다운 세상이 되게 하소서
사소한 작은 일에 집착하지 않게 하소서
때로는 대범하게 바라는 마음 행함이
주어지게 하는 용기를 주소서

절약의 생활을 즐겨하면서도 가끔은
자신을 위해 투자하게 하소서
마지막 날에 한이 되지 않게 하소서
주어진 시간, 주어진 나의 모든 일과
모아진 나의 삶이 아름다움이 되게 하소서

각자 다른 삶끼리 만나 서로 다른 향기와 연결되어
좋은 인연으로 살아가는 삶에 감사하게 하소서
나의 생각으로 그가 될 수 없는 것처럼
그를 존중하고 이해하고 사랑하게 하소서
만남의 소중함을 알게 하소서.

그리움

그대
아득한 기억을 떠올리는 그 시간들
나의 진한 그리움이다

독립된 생의 시작에서
생의 마지막까지 그대에 대한 기억은
바로 나의 인생이었다

그대 한 사람을 위한
끝없는 그리움은
내 생의 운명이었다

어쩔 수 없는 적막한 고독 속에
그대는 언제나
간절한 그리움이다

지난 시간들이 꿈길인 듯 아득한데
이제 남은 시간들은
얼마나 될까….

6.
석양의 창가에서

기다림과 인내

기다림과 인내가 강요와 분노보다
더 많은 것을 이룬다

기다림이라는 시간의 추상적 개념을
삶의 공간으로 받아들여

스스로 삶의 주도권을
행사하는 지혜를 터득하기 때문이다

위인들이 겪은 고난의 과정은
신념을 관철하기 위한 기다림의 시간이다

고통스런 기다림을 통해
상상을 초월하는 성과를 남겼다

이것은 바로 신념의 승리이자
인간의 위대함이다

사마천이 그러했고
마키아벨리가 그러했고
안토니오 그람시가 그러했다.

기쁨으로 살게 하소서…

힘든 일에 부딪칠 때마다
걱정을 많이 하지 않게 하소서

삶 속의 아픔과 원망과 힘듦을
잘 견디고 이겨낼 수 있게 하소서

사랑과 용서를 깨닫게 하여
굳건한 마음 갖게 하소서

불안하거나 불만 가득한 마음으로부터
벗어날 수 있게 하소서

고통스러울 때 도리어 강하고 담대하게 하여
마음이 성숙하는 계기가 되도록 하소서

아무런 가치 없는 일로 인해 근심을 쌓아
스스로를 괴롭히지 않게 하소서

세월이 지나도 언제나 내 마음의 안팎으로
기쁨을 만들어가며 살게 하소서.

요양원에서

세월이 촉박한 매미는
밤낮 없이 울어대더니 어느새 잠잠해지고

처량하게 가을 알리던
쓰르라미 소리도 사라진 늦가을에

여생이 촉박한 노인들은
어쩐지 아침부터 심란하다

제철이 지난 매미의 울음소리
듣기에도 처량하듯

앞날이 얼마 남지 않은 노인의
웃음소리는 서글프기만 하다.

흘러가는 세월 속에서

어제 같은 오늘 오늘 같은 내일
매일매일 속절없이 날들은 흘러간다

멍 한 채 그냥 보낼 것인가
더 나은 내일을 만들 것인가

따뜻하고 감사하고 소중하고 충실한
매일 매일을 만들어 가자

이 모든 것은 내 마음 속에 있다
굳건하게 올바르게 나 자신이 만들어 가는 것

아름다운 결실의 열매를 맺기 위해
언제나처럼 나 자신에게 내가 이겨야한다.

인간의 오만

변화하고 사라지는 것은
모든 존재의 본질이다

가을 단풍처럼 인간의 존재도
변화하고 사라진다

모든 사라짐은
마치 흐르는 물과 같다

사라지는 것은
언제나 주야를 가리지 않는다

이 엄연한 존재의 본질을
망각한 채

인간은 그냥
아닌 척 뒤척이며 오만을 떤다.

어떻게 늙을까

열심히

기품있게
상냥하게

단순하게
심빡하게

건강하게
착하고 곱게

늙어가자.

나의 삶

언제나 꿈이 있었고
열심히 노력했고
나름 이루었다

좋은 가정을 이루었고
자식들 잘 자라주었고
짝도 잘 만났고
손주들도 성공적이다

나의 일, 공부도 글쓰기도 노력 끝에 이루었고
많은 제자들 있어 행복하고
아직 몸은 쓸 만하니 고마운 일이다

그이는 먼저 갔지만
이제 나 자신의 마지막을 잘 마무리 하면서
사회에 보탬이 될 일만 남았다
감사 속에 최선을 다하자.

홀로서기

홀로서기는
늘 감사한 마음으로
다가오는 외로움에 대해
준비하는 필수 과정이다

제2인생의 재충전을 위한
필수 과정이 홀로서기다
시 배우기, 수필 배우기
논어 배우기, 일기쓰기

그 과정 속에서
우리는 뇌를 충전시키고
열정으로 삶을 영위하며
홀로서기를 준비한다.

죽음

인간이 시간 속에서 살아가는 한
인간은 거품이다 이것은 인간의 조건이다
불확실성으로 가득한 삶에서
한 가지 확실한 것은 죽음이다
그 시기만 불확실할 뿐

삶이란 결국 허망한 것이지만
죽음 앞에서는 모두 평등하다
신분의 고하를 막론하고 죽음은 피할 수 없다
별개의 인생행로를 걷던 이들이
마침내 하나 되는 길이 바로 죽음이다

죽음은 어쩔 수 없지만
죽음에 대한 태도는 어쩔 수 있다
죽음에 대한 입장은 각자의 소관이니까
죽음의 의미는 받아들이기 나름이다
어떠한 상태 어떠한 마음으로 받아들이는 가다

전염병이 창궐하고
온난화로 지구의 종말을 이야기하고
국내외 정치도 세상도 마음에 들지 않는
현재를 보며 한잔 거하게 마셔도
슬프고 쓸쓸한 마음이 든다

그래서 좋은 글을 쓰려는지 모르겠다
불안을 다스리기 위해 쓰고
아니면 쓰는 행위를 통해 우리를 진정시키고
글을 남김으로써 하루살이의 삶을 견디고
영원을 희구하는 일인지도 모른다.

엄마의 기도

엄마의 기도는 천심입니다
엄마의 기도는 충심입니다
엄마의 기도는 간절함입니다
엄마의 기도는 애절함입니다

엄마의 기도는 바로 출산의 고통입니다
엄마에게 자식은 바로 자신과 같습니다
엄마에게 자식은 나보다 더한 존재입니다
엄마에게 자식은 자신을 뛰어넘는 존재입니다
내가 아프지 자식 아픈 건 못 봅니다

내 자식들의 무병 무탈함을 비옵니다
꿈과 비전을 현실로 만들어가게 하소서
사랑의 축복이 넘치는 가정이 되게 하소서
건강하고 튼튼하게 살아가게 하소서
온유하고 겸손한 마음으로 살게 하소서

언제 어느 자리에서도 자신을 든든히 지키게 하소서
모든 것이 순리대로 되도록 하여주소서
자식들의 무병무탈 소원 성취를 비옵니다
간절히 간절히 비옵니다.

석양의 창가에서

해거름, 노을, 석양, 황혼…
땅거미 지는 즈음
어쩔 수 없는 나이의 황혼길…

석양의 창가에 서서
만감에 휩싸이며
추억의 시간에 빠진다
그래도 잘 살아 왔다고…

다시 창가에 서서
고이 소원을 띄운다
곱게 물든 석양의 하늘처럼
나도 이쁘게 물들어가고 싶다고

인생의 여로를
생명이 다할 때까지
가야하는 인간의 운명이니
정신 집중의 노력으로

남은 길을 잘 걸어가자고…

가고 싶은 길을 찾아서
내 자신의 인생 목표를 달성함은
나이와는 무관하다
오직 이상과 열정과 용기를
가질 때만이 가능한 것이니까

아름다운 황혼 길을 걸으며
매일 매일 멋지게 하루를 마감하고
또 인생을 마감하자.

부평초 인생

마음은 비울수록
빛깔은 더욱 붉게 빛난다
흙으로 돌아갈 시간이 다가올수록
가슴은 물빛처럼 투명해진다

물 위에 뿌리도 내리지 못하는 부평초
다가서면 설수록 아득한 구름이 된다
잎 다 져버린 찬 하늘
떠도는 부평초

살아있음의 축복을 생각하면
한없이 착해지고 싶어진다
이 세상 모든 사람 모든 것을
용서하고 포용하고 사랑하자.

인생의 겨울

80이란 고개를 훌쩍 넘고 나니
몸도 마음도 허무함 속에
혼곤히 빠져든다

육체의 아픔이 찾아와 괴롭히면
맥 빠지는 절대고독의 순간이
가슴 한구석을 아릿하게 한다

정신을 곧추세우지만 헛헛함에 발목이 잡히고
계절의 가을만큼 인생의 가을도 애수를 느끼고
계절의 겨울만큼 인생의 겨울도 온 심신이 시리고

지금 나는
인생의 마지막 겨울을
지나고 있다.

다행이다

벌써 망구의 나이를 넘어
미수의 언덕을 바라보면서
많은 세월의 고비를
넘고 넘어 오늘에 이르렀다

이제 나의 세 아이들은
모두 박사가 되었고
50대의 꽃중년들로서
자신의 일을 잘 해나가고 있다

각자 좋은 짝을 이루어서
이쁘게 자식 낳고 잘 살고 있다
남편은 나와 함께 잘 살다가
먼저 떠나보냈다

이제 나 죽을 일만 남아서

다행이고 마음 홀가분하다
남은 시간 좋은 결실 남기고
이쁘게 곱게 잘 살다 가면 된다.

이양자(李陽子) 동의대학교 사학과 명예교수 약력

· 서울대학교 사범대학 역사교육과 졸업 문학사
· 서울대학교 대학원 사학과(동양사 전공) 문학석사
· 영남대학교 대학원 사학과(동양사 전공) 문학박사
· 현재 동의대학교 사학과 명예교수
· 중국사학회 회장 역임. 현재 고문
· 여성문제연구회 부산지회 명예회장

저 서
· 『송경령 연구』(일조각, 1998) (우수학술도서로 선정됨)
· 『조선에서의 원세개』(신지서원, 2002)
· 『역사를 움직인 중국 여성들 』(살림출판사: 2014)
· 『자성의 길목에서』(마을, 2017)
· 『감국대신 위안스카이- 좌절한 조선의 근대와 중국의 간섭』(한울,2019)
· 『20세기 중국을 빛낸 자매, 송경령과 송미령』(새문화출판사: 2019)
· 『저문 강가에서』(새문화출판사: 2021)
· 『감사와 긍정의 마음으로 일기쓰기 300일 - 꿈꾸는 여인의 비망록』(새문화출판사: 2022)
· 『모차르트를 사과하다』(소소리. 2023)

편 저
· 『현대중국의 탐색』(신지서원, 2004)
· 『주제와 영상으로 보는 중국사 산책』 (뉴워드사, 2010,)
· 『그리움은 강물처럼』(신지서원 . 2010)

- 『개나리 노란 꽃그늘 아래』(새문화출판사. 2020. 3)

역서
- 『송경령 평전』(지식산업사, 1992)(1998년도 문광부 우수학술도서)
- 『중국근대사』(삼영사, 1994)
- 『송경령과 하향응』(신지서원, 2000)
- 『20세기 중국을 빛낸 위대한 여성, 송경령 (上,下)』(한울, 2001)
- 『중국혁명의 기원』(신지서원, 2004)
- 『송미령 평전』(한울, 2004)
- 『주은래와 등영초』(지식산업사, 2006)
- 『사료로 보는 중국여성사 100년』(한울 아카데미. 2010)

공저
- 『한국사』 39권 (국사편찬위원회, 1999)
- 『중국 여성, 신화에서 혁명까지』(서해문집, 2005)
- 『중국근대화를 이끈 걸출한 인물들』(지식산업사, 2006)
- 『중국 근대화를 이끈 걸출한 여성들』(지식산업사. 2006)
- 『중국 근현대 주요 인물연구』 1.(부산대학교출판부. 2009)
- 『중국 근현대 주요 인물연구』 2.(부산대학교출판부. 2009)
- 『조선 후기 대외 관계 연구』(한울 아카데미. 2009. 10)
- 『정치가의 연애』(바이북스 2015)

문단
- 『부산시단』 2015년 봄호 시부문 신인상 등단
- 『문학시대』 2015년 여름호 시부문 신인상 등단
- 『문학시대』 2017년 봄호 수필부문 신인상 등단
- 부산시인협회 회원 문학시대인회 회원, 효원수필문학회 동인,
- 빛살 동인, 길 동인